John Wesley

Acht mal Liebe

Zitate
Gedanken
Interpretationen

Ein Beitrag zum Jahr der Ökumene 2021 / 2022

Band 2

Herausgeber
Orden der Freunde des Nazareners zu Hamburg
Ordensoberer Bruder Jacobus von Bethesda
Martinistraße 31 / 33, 20251 Hamburg
www.orden-der-freunde-des-nazareners.hamburg

Auswahl der John Wesley Zitate
Pastorin Sabine Wielk, Hamburg, Deutschland
Bruder Jacobus von Bethesda, Hamburg, Deutschland

Übersetzung der Texte ins Englische / ins Deutsche
Pastorin Sabine Wielk, Hamburg, Deutschland

Layout & Gestaltung
Jan Ohmer, Hamburg, Deutschland

Titelbild - Schenkung des Künstlers
Michael Möllers, Hamburg, Deutschland

Wir danken dem Vorstand der Kirche des Nazareners Gemeinde Hamburg für die
tatkräftige Unterstützung bei diesem Buchprojekt – ein Beitrag zum Jahr der Ökumene 2021 / 2022

Herstellung und Verlag: BoD – Books on Demand, Norderstedt
ISBN: 9-783756-861941

Inhalt / *Content*

Vorwort   4
Preface   *5*

Grußwort   6
Word of greeting   *8*

Liebe sitzt auf dem Thron   10
Love sits upon the throne   *12*

Liebe, Lobpreis und Gebet   14
Love, praise and prayer   *16*

Liebe ist das Ziel   18
Love is the end   *20*

Die Liebe zu Gott und Menschen   22
The love of god and man   *24*

Ein Liebesdienst   26
Labour of love   *28*

Die Gnade und die Liebe Gottes   30
The grace and love of God   *32*

Demut und Geduld   34
Humility and patience   *36*

Gutes tun   38
To do good   *40*

Quellenangaben   42
List of sources   *42*

Vorwort

Die Arbeitsgemeinschaft Christlicher Kirchen in Deutschland hat das Jahr 2021 / 2022 zum - Jahr der Ökumene - ausgerufen. Zahlreiche christliche Gemeinschaften, Kirchen und Vereinigungen beteiligen sich hieran mit eigenen Beiträgen, ökumenischen Gottesdiensten und verschiedenen Projekten. Vor diesem Hintergrund entstand auch dieser 2. Band zu John Wesley ´Acht mal Liebe´ Zitate, Gedanken und Interpretationen. Ich bedanke mich an dieser Stelle sehr herzlich bei allen Pastorinnen und Pastoren der Kirche des Nazareners im Deutschen Bezirk, welche dieses Buch mit Ihren Beiträgen erst möglich gemacht haben.

John Wesley (1703-1791) war anglikanischer Pastor, Begründer der methodistischen Bewegung, Evangelist, Theologe, Sozialreformer und überzeugter Ökumeniker. Von Beginn an setzte er sich sozial-diakonisch ein. Er kämpfte für Reformen u.a. im Gefängniswesen und die Abschaffung der Sklaverei. Wesley richtete Volksbibliotheken ein und sammelte Geld zur Errichtung einer Poliklinik ein und eröffnete Apotheken für Arme.

In zahlreichen Schriften und Predigten Wesleys ist die Liebe zentrales Element und Botschaft zugleich. In Zeiten wie diesen lohnt es besonders das Wort der Liebe weiterzugeben.

Bruder Jacobus von Bethesda
Ordensoberer vom
Orden der Freunde des Nazareners zu Hamburg

Preface

The Association of Christian Churches in Germany has proclaimed
2021 / 2022 as the - Year of Ecumenism -.
Numerous Christian communities, churches and associations are
participating with their own contributions, ecumenical services and
various projects. In this context, this 2nd volume on John Wesley
'Eight Times Love', quotations, thoughts and interpretations, was also
created. I would like to take this opportunity to thank all the pastors
of the Church of the Nazarene from the German District who have
made this book possible with their contributions.

John Wesley (1703-1791) was an Anglican pastor, founder of the
Methodist movement, evangelist, theologian, social reformer and
dedicated ecumenist. From the beginning he was committed to
charitable work. He fought for reforms in the prison system and the
abolition of slavery. Wesley set up public libraries, raised money to
establish a polyclinic and opened pharmacies for the poor.

In many of Wesley's writings and sermons, love is both the central
element and the message. In times like these, it is especially valuable
to pass on the word of love.

Brother Jacobus of Bethesda
Superior of the
Order of the Friends of the Nazarene in Hamburg

Grußwort

Liebe Leser,

neulich sagte mir jemand: „Wir leben in der letzten Zeit, denn die Liebe erkaltet". Damit zitierte er Jesus. Ich habe zuerst widersprochen, argumentiert, es habe in der Vergangenheit viele Zeiten gegeben, in denen zum Teil noch viel weniger Liebe herrschte.

Dennoch hat mich diese Unterhaltung zum Nachdenken gebracht. Der zunehmend raue Ton in Politik und Medien, viele Beispiele für „Cancel Culture", wo Menschen „ausgeschaltet" werden sollen, weil sie etwas Falsches gesagt haben und eine Hemmungslosigkeit in den sozialen Medien - es scheint tatsächlich so zu sein, dass die Liebe in unserer Gesellschaft abnimmt und das macht leider auch vor unseren Gemeinden nicht halt. Wir leben in einer Kultur der Verachtung. Wie schnell zeigen auch wir als Christen Verachtung gegenüber denen, die anders denken oder anders sind als wir.

Ich meine, wir sollten als Kirche, die zu Jesus gehört, alles daransetzen, dieser Kultur der Verachtung zu widerstehen.

Deshalb kommt in dieser Zeit ein Band mit Zitaten von John Wesley über die Liebe genau richtig.

Man könnte die Theologie John Wesleys mit diesen drei Worten auf den Punkt bringen: **Theologie der Liebe.** Sein tiefstes Herzensanliegen war ein Glaube, der in der Liebe tätig ist.

Allzu schnell bleibt der Glaube bei einem Kopfglauben oder einem Wissen über biblische und theologische Konzepte stehen. Aber wenn er nicht zu einer tiefen Liebe zu Gott und einer tätigen und hingegebenen Liebe zum Nächsten mündet, ist er nichts wert.

Möge dieser Band mit Wesley-Zitaten zur Liebe weite Verbreitung finden und uns alle inspirieren, Gottes Liebe selbst zu erfahren, anzunehmen und dann mutig weiterzugeben!

Mit herzlichem Gruß

Pastor Ingo Hunaeus
Superintendent, Kirche des Nazareners, Deutscher Bezirk

Word of greeting

Dear readers,

Someone said to me recently: We are living in the last days, because love is growing cold. With this he quoted Jesus. I objected at first, arguing that there had been many times in the past when there was even less love evident.

Still, this conversation got me pondering. The increasingly harsh tone in politics and the media, many examples of "cancel culture" where people are to be "shut down" for saying the wrong thing, and a lack of inhibition in social media - it really does seem that love is declining in our society, and unfortunately that doesn't exclude our communities either. We live in a culture of contempt. How quickly do we as Christians also show contempt towards those who think differently or are different from us.

I believe that we, as the church which belongs to Jesus, should do everything we can to resist this culture of contempt.

Therefore, a volume of quotations from John Wesley about love is very timely.

John Wesley's theology could be summarized with these three words: **Theology of Love**. The desire of his heart was a faith that is active in love.

Too quickly, faith stops at a theoretical belief or knowledge about biblical and theological concepts. But if it does not lead to a deep love of God and an active and devoted love of neighbour, it is worth nothing.

May this volume of Wesley quotes about love be widely read and inspire us all to experience God's love for ourselves, to embrace it, and then to courageously share it!

With sincere greetings

Rev. Ingo Hunaeus
Superintendent, Church of the Nazarene, German District

Liebe sitzt auf dem Thron, der das Innerste der Seele eines Gläubigen erfüllt; nämlich Liebe zu Gott und Menschen, die das ganze Herz erfüllt und alleine regiert.

Dieses Zitat stammt aus einer Predigt von John Wesley aus dem Jahr 1788, Über Eifer. Wesley thematisiert darin den „religiösen Eifer", der leider oft falsch verstanden wird. Wahrer, christlicher Eifer ist für Wesley ein Ausdruck für Liebe. Falls es das nicht ist, dann ist dieser Eifer falsch und zerstörerisch. Bezüglich der zerstörerischen Rolle des religiösen Eifers erinnert er an schlimme Gräueltaten in Kriegen und Massakern in der Geschichte des Christentums – und die gab es leider zu allen Zeiten in den verschiedensten Regionen der Welt. Diesem falschen religiösen Eifer gilt es entschieden entgegen zu treten. Dem gegenüber zeigt Wesley dann auf, dass der wahre, christliche Eifer immer das sucht und fördert, was gut und angenehm vor Gott ist, nämlich die Liebe zu Gott und den Mitmenschen.

Obwohl vor über 230 Jahren geschrieben, ist dies ein Wort und eine Ermahnung gerade auch für die heutige Zeit! In ihrem Eifer für eine vermeintlich gute Sache oder Überzeugung sind Menschen bereit Andersdenkende oder Andershandelnde zu zerstören – wenn nicht physisch dann zumindest seelisch. Leider müssen wir heute erleben, wie sich dieser falsche Eifer in den sozialen Medien im Internet in Hass, Rassismus, Antisemitismus und sonstiger Menschenverachtung niederschlägt und fast grenzenlos verbreitet wird. Wie wir leidvoll feststellen müssen, sind auch Christen davor nicht gefeit. Wie schnell sind wir bereit Andersdenkende und Andershandelnde auszugrenzen und zu verurteilen? Im Umkehrschluss muss das nicht bedeuten, dass wir jede andere Meinung akzeptieren sollen. Aber es bedeutet, dass wir Menschen mit einer anderen Meinung annehmen. Wir wollen ihnen begegnen als das, was sie sind – Menschen, die im Ebenbild Gottes geschaffen wurden. Alle Menschen sind Geschöpfe, die Gott liebt und für die Jesus Christus gestorben ist – damit sie Leben und Liebe erfahren.

Wie Wesley wollen wir uns dem falschen religiösen Eifer abwenden und ihn mit wahrem christlichen Eifer ersetzen (der „auf dem Thron sitzt"), der Liebe! Diese Liebe ist Gottes Liebe in unseren Herzen – als Liebe zu Gott und zu unseren Mitmenschen. Diese Liebe müssen wir nicht „produzieren", sondern ihr Raum geben und unser Innerstes erfüllen und regieren lassen. Wie sich die Liebe im Leben auswirkt beschreibt Paulus wunderbar im 1. Korintherbrief 13,4-8, Liebe ist geduldig und freundlich. Sie kennt keinen Neid, keine Selbstsucht, sie prahlt nicht und ist nicht überheblich. Liebe ist weder verletzend noch auf sich selbst bedacht, weder reizbar noch nachtragend. Sie freut sich nicht am Unrecht, sondern freut sich, wenn die Wahrheit siegt. Diese Liebe erträgt alles, sie hofft alles und hält allem stand. Die Liebe hört niemals auf.

von Pastor Dr. Klaus Arnold

In a Christian believer love sits upon the throne which is erected in the inmost soul; namely, love of God and man, which fills the whole heart, and reigns without a rival.

This quote comes from a sermon by John Wesley from 1788, On Zeal. In it, Wesley addresses "religious zeal", which is unfortunately often misunderstood. For Wesley, true Christian zeal is an expression of love. If it is not, then this zeal is wrong and destructive. With regard to the destructive role of religious zeal, he reminds us of terrible atrocities in wars and massacres in the history of Christianity - and these have unfortunately occurred at all times in many different regions of the world. This false religious zeal must be decisively opposed. In contrast, Wesley then demonstrates that true, Christian zeal always seeks and encourages that which is good and pleasing in the sight of God, namely love for God and one's neighbours.

Although written more than 230 years ago, this is a word and an exhortation especially for today! In their zeal for a supposedly good cause or conviction, people are ready to destroy those who think differently or act differently - if not physically then at least spiritually. Unfortunately, we have to experience today how this false zeal translates into hatred, racism, anti-Semitism and other forms of contempt for humanity in social media and is spreading almost without limits. As we must painfully realise, Christians are not immune to this either. How quickly are we prepared to exclude and condemn those who think and act differently? In reverse, this does not necessarily mean that we should accept every other opinion. But it does mean that we accept people with a different opinion. We want to encounter them for what they are - human beings created in the image of God. All humans are creatures whom God loves and for whom Jesus Christ died - so that they might experience life and love.

Like Wesley, may we turn away from false religious zeal and replace it with true Christian zeal (which "sits on the throne"), love! This love is God's love in our hearts - as love for God and for our fellow human beings. We do not have to "produce" this love, but rather give it space and let it fill and rule our innermost being. Paul describes wonderfully how love manifests itself in life in 1 Corinthians 13:4-8, Love is patient; love is kind; love is not envious or boastful or arrogant or rude. It does not insist on its own way; it is not irritable or resentful; it does not rejoice in wrongdoing, but rejoices in the truth. It bears all things, believes all things, hopes all things, endures all things. Love never ends.

by Rev. Dr. Klaus Arnold

Liebe, Lobpreis und Gebet sind der Atem jeder Seele, die wirklich aus Gott geboren ist.

In seiner Predigt „Das große Privileg derer, die aus Gott geboren sind" (Standardpredigt XIX) erörtert Wesley unter anderem, was es bedeutet „aus Gott geboren" zu sein (vgl. 1. Johannes 3,9). Dabei vergleicht er die neue Geburt aus Gott mit der Geburt eines Kindes. Wenn ein Kind zur Welt kommt, wird es in eine neue Welt hinein geboren. Der erste Schrei. Es fängt an zu atmen. Luft strömt durch seine Lungen und seinen Körper und mit der Luft das Leben. Und mit den Sinnen erfährt und entdeckt es nun die Welt um sich herum.

Ein wunderbares Bild für das, was geschieht, wenn wir Menschen aus Gott neu geboren werden. Vor dieser neuen Geburt haben wir kein inneres Bewusstsein für Gottes Gegenwart. Es fehlen uns die geistlichen Sinne, um Ihn wirklich als Gott zu erkennen. Aber dann berührt Er uns durch seinen Geist und zieht uns zu Christus (Johannes 6,44). Wir antworten auf dieses Ziehen und Werben mit Glauben. Wir fangen an, Seinem Sohn zu vertrauen und zu folgen. Und empfangen daraufhin von Gott ein neues Leben, werden durch seinen Geist „neu geboren", hinein in (S)eine neue Welt.

Wesley beschreibt das so: „Der Geist oder der Atem Gottes wird der neugeborenen Seele sofort eingeflößt und eingehaucht; und derselbe Atem, der von Gott kommt, kehrt zu ihm zurück: Wie er ständig durch den Glauben empfangen wird, so wird er ständig durch Liebe, Gebet, Lobpreis und Danksagung zurückgegeben; Liebe, Lobpreis und Gebet sind der Atem jeder Seele, die wirklich aus Gott geboren ist. Und durch diese neue Art der geistlichen Atmung wird das geistliche Leben nicht nur aufrechterhalten, sondern von Tag zu Tag vermehrt, zusammen mit geistlicher Kraft, Bewegung und Empfindung; [...]"
Durch den Geist Gottes leben wir in einer lebendigen Beziehung mit Gott. Wir erfahren und begreifen immer mehr von Seiner unermesslichen Liebe und bedingungslosen Annahme und antworten

mit unserer Liebe und Hingabe. Wir loben und ehren Ihn mit unserem Leben. Und im vertrauten Gespräch mit Ihm teilen wir unser Herz und lernen Sein Herz immer besser kennen, wir reden und hören.

Es entsteht eine Liebesbeziehung, in der „Liebe, Lobpreis und Gebet" das Atmen der Seele sind. Sie bringen das Leben Gottes in uns zur Entfaltung und vertiefen unsere Beziehung mit Ihm. Sie lassen uns immer vertrauter mit Ihm werden, Ihn mehr lieben und als Seine Kinder wachsen. Sie sind lebensnotwendig.

Zum Nachdenken: Auf Gottes Liebe mit meiner Liebe antworten, Ihn mit meinem Leben ehren und das vertraute Gespräch mit Ihm suchen - wie kann ich dieses Atmen der Seele regelmäßig praktizieren, damit mir in meinem Leben mit Gott nicht „die Luft ausgeht", sondern ich Ihn immer mehr liebe und meine Beziehung zu Ihm immer lebendiger und tiefer wird?

von Pastor Martin Wahl

Love, praise, and prayer are the breath of every soul who is truly born of God.

In his sermon "The Great Privilege of Those that Are Born of God" (Standard Sermon XIX), Wesley discusses, among other things, what it means to be "born of God" (cf. 1 John 3:9). In doing so, he compares the new birth out of God to the birth of a child. When a child comes into the world, it is born into a new world. The first cry. It begins to breathe. Air flows through its lungs and body, and with the air comes life. With its senses, the child now experiences and discovers the world around it.

A wonderful image for what happens when we humans are born anew from God. Before this new birth, we have no inner awareness of God's presence. We lack the spiritual senses to really recognize Him as God. But then He touches us by His Spirit and draws us to Christ (John 6:44). We respond to this drawing and wooing with faith. We begin to trust and follow His Son. And thereupon receive a new life from God, are "born again" by His Spirit, into a (His) new world.

Wesley describes it this way, "The Spirit or breath of God is immediately inspired, breathed into the new-born soul; and the same breath which comes from, returns to, God: As it is continually received by faith, so it is continually rendered back by love, by prayer, and praise, and thanksgiving; love, and praise, and prayer being the breath of every soul which is truly born of God. And by this new kind of spiritual respiration, spiritual life is not only sustained, but increased day by day, together with spiritual strength, and motion, and sensation; [...]".

Through the Spirit of God, we live in a personal relationship with God. We experience and understand more and more of His immeasurable love and unconditional acceptance and respond with our love and devotion. We praise and honour Him with our lives.

And in intimate conversation with Him, we share what is on our hearts and get to know His heart more and more. We talk to Him and – most importantly - listen.

So, a love relationship develops in which "love, praise and prayer" are the breathing of our soul. They bring out the life of God in us and deepen our relationship with Him. They help us become more and more intimate with Him, love Him more and grow as His children. They are necessary for our new life.

For reflection: Responding to God's love with my love, honouring Him with my life, and seeking intimate conversation with Him - how can I practice this breathing of the soul on a regular basis so that I don't run into "shortness of breath" in my life with God, but are able to love Him more and more and my relationship with Him becomes ever more deeper and vibrant?

by Rev. Martin Wahl

Liebe ist das Ziel aller Gebote Gottes. Liebe ist das Ziel,
das einzige Ziel, von allem was Gott geschaffen hat, vom Anbeginn
der Welt bis hin zur Vollendung aller Dinge.

John Wesley stellt mit dieser Aussage die Theologie vieler
Menschen, ja auch vieler Christen auf den Kopf. Eine Theologie,
also ein Denken über Gott, das voraussetzt, dass der Mensch erst alle
Gebote Gottes halten muss, um der Liebe Gottes würdig zu werden.
Ein Denken über Gott, dass auch davon ausgeht, der Mensch müsse
sich zuerst die Gunst Gottes verdienen, um von Gott geliebt zu
werden.

Nein, sagt Wesley zu dieser Theologie. Es ist genau anders herum!
So wollte schon damals ein Schriftgelehrter Jesus mit der
provokanten Frage auf die Probe stellen: „Meister, welches ist das
höchste Gebot im Gesetzt?" (Matthäus 22, 36). Als Antwort pickte
sich Jesus keines der Zehn Gebote und auch keines der 613 jüdischen
Vorschriften heraus, sondern antwortete ohne Umschweife:

„Du sollst den Herrn, deinen Gott, lieben von ganzem Herzen, von
ganzer Seele und von ganzem Gemüt. Dies ist das höchste und erste
Gebot. Das andere aber ist dem gleich: Du sollst deinen Nächsten
lieben wie dich selbst. In diesen beiden Geboten hängt das ganze
Gesetz und die Propheten" (Matthäus 22, 37-40).

Vollkommene Liebe zu Gott und zu unserem Nächsten waren für
John Wesley eine neuere und gefälligere Beschreibung für ein
geheiligtes Leben. Gottes Gebote wollen den Menschen zu dieser
vollkommenen Liebe hinführen. Der Mensch ist nicht aufgefordert
Gottes Gebote zu halten um von Gott geliebt zu werden. Es ist wie
gesagt andersherum – der Mensch will Gottes Gebote halten, weil er
sich von Gott geliebt weiß und Gott und seinen Nächsten liebt.
Für Wesley war Liebe das Ziel aller Gebote Gottes. Ähnlich hat es
auch der Apostel Paulus verstanden, für den die Liebe das Ziel
jeglicher Unterweisung war und seinem Mentee Timotheus dazu

schrieb:

„Das Ziel der Unterweisung aber ist Liebe aus reinem Herzen und aus gutem Gewissen und aus ungeheucheltem Glauben" (1. Timotheus 1, 5).

Selbstverständlich geht es bei dieser Liebe um mehr als nur Gefühle. Es geht um eine selbstlose, bedingungslose und aktive Liebe, denn in ihrem innersten Wesen ist Liebe eine Entscheidung.

von Pastor Hans-Günter Mohn

Love is the end of all the commandments of God. Love is the end, the sole end, of every dispensation of God, from the beginning of the world to the consummation of all things.

John Wesley turns the theology of many people, even many Christians, upside down with this statement. A theology, that is, a way of thinking about God which presupposes that people must first keep all God's commandments in order to become worthy of God's love. A way of thinking about God, which also assumes that humans must first earn God's favour in order to be loved by God.

Wesley says no to this theology. It is exactly the other way round! In the same way a scribe wanted to put Jesus to the test with the provocative question: "Master, which is the highest commandment in the law?" (Matthew 22:36). In response, Jesus did not choose one of the Ten Commandments nor one of the 613 Jewish rules, but answered straightforwardly:

"You shall love the Lord your God with all your heart, and with all your soul, and with all your mind.' This is the greatest and first commandment. And a second is like it: "You shall love your neighbour as yourself.' On these two commandments hang all the law and the prophets." (Matthew 22:37-40).

For John Wesley, perfect love for God and for our neighbour were a newer and more pleasing description for a sanctified life. God's commandments want to lead people towards this perfect love. A person is not required to keep God's commandments in order to be loved by God. As mentioned before, it is the other way round - a person wants to keep God's commandments because he knows that he is loved by God and loves God and his neighbour.

For Wesley, love was the goal of all God's commandments. The apostle Paul understood it similarly, for him love was the goal of all instruction and he wrote to his mentee Timothy on the subject:

"But the aim of such instruction is love that comes from a pure heart, a good conscience, and sincere faith." (1 Timothy 1:5).

Of course, this love is about more than just feelings. It is about a selfless, unconditional and active love, because in its innermost essence love is a decision.

by Rev. Hans-Günter Mohn

Die Liebe zu Gott und Menschen, die aus einem ungeheuchelten Glauben entsteht, ist Alles in Allem, die Erfüllung des Gesetzes, das Ende jedes der Gebote Gottes.

So schreibt John Wesley in seiner Auslegung zur Bergpredigt. Und er führt sogleich an:

Aber daraus folgt nicht, dass Liebe in dem Sinne alles (in allem) ist, dass sie Glauben und gute Werke überflüssig macht. Sie ist „die Erfüllung des Gesetzes", nicht aber indem sie uns von seiner Erfüllung befreit, sondern indem sie uns drängt, ihm zu gehorchen. Sie ist „das Ende des Gebotes", da jedes Gebot zu ihr hinführt und in ihr seine Mitte hat.

Wie viele Regeln braucht der Mensch? Nach John Wesley stehen Liebe und Gesetz zueinander in Beziehung, sie bedingen einander. Doch oft gerät diese Beziehung in eine Schieflage. Gesetz ohne Liebe führt zu Gesetzlichkeit. Gebote werden mit pharisäischer Genauigkeit befolgt, doch deren Sinn geht dabei verloren. So sind die Gesetze zu nichts nütze, sie sind wie ein „tönendes Erz oder eine klingende Schelle" (1. Korinther 13,1). Selbst wenn wir im Gehorsam unseren Leib dahingeben, ist es ohne Liebe zu nichts nütze.

Andererseits ist Liebe ohne Gesetze und Regeln inhaltslos und leer. Ein nettes Wort ohne tiefere Bedeutung. Solch eine Liebe ist so fad wie Salz, das nicht mehr salzt. In unserer freiheitsliebenden Gesellschaft können Gesetze und Gebote schnell als Feind aufgefasst werden. Und das sind sie auch, wenn die Liebe fehlt. Doch das Gesetz, an dem wir durch Christus Anteil haben, zeigt uns erst die Liebe Gottes auf. Es ist eine Anleitung, wie unser Leben gelingen kann und wie wir liebevoll miteinander, mit uns selbst und mit Gott umgehen können.

Das Gesetz hilft uns also, Gottes Willen zu erfüllen und so das Leben in der Fülle zu leben, das Gott für uns als Ende und Ziel vorgesehen hat. So können wir mit dem Psalmist sagen: „Wohl dem, der ... Lust [hat] am Gesetz des HERRN und sinnt über seinem Gesetz Tag und Nacht!" (Psalm 1, 1-2)

Möge Gottes Leitfaden für unser Leben uns dabei helfen, Gottes Liebe immer mehr zu verinnerlichen und weiterzugeben!

von Pastor Dr. Wolfgang Köhler

The love of God and man, arising from faith unfeigned, is all in all, the fulfilling of the law, the end of every commandment of God.

This is what John Wesley writes in his interpretation of the Sermon on the Mount. And he immediately adds:

But it does not follow, that love is all in such a sense as to supersede either faith or good works. It is "the fulfilling of the law," not by releasing us from, but by constraining us to obey it. It is "the end of the commandment," as every commandment leads to and centres in it.

How many rules does a person need? According to John Wesley, love and law are related to each other, they are interdependent. But this relationship often gets out of balance. Law without love leads to legalism. Commandments are followed with Pharisaic precision, but their meaning is thereby lost. Thus the law is of no use, it is like "sounding brass or a clanging bell" (1 Corinthians 13:1). Even if we give our bodies in obedience, it is useless without love.

On the other hand, love without laws and rules is meaningless and void. A nice word without deeper meaning. Such love is as bland as salt that no longer salts. Laws and commandments can quickly be perceived as an enemy in our freedom-loving society. And they are, if love is missing. But the law, of which we are partakers through Christ, is what first shows us the love of God. It is an instruction how our life can succeed and how we can deal lovingly with each other, with ourselves and with God.

The law, then, helps us to fulfil God's will and so to live the fullness of life that God has intended for us as our end and goal. So we can say with the Psalmist: "Happy are those who ... delight in the law of the LORD, and meditate on his law day and night." (Psalm 1:1-2)

May God's guideline for our lives help us to internalise and pass on God's love more and more!

by Rev. Dr. Wolfgang Köhler

O dass doch keiner denken möge, dass ein Liebesdienst umsonst gewesen sei, weil die Frucht nicht sofort aufging!

Das Schreiben eines Tagebuchs ist eine tägliche Angelegenheit. John Wesley nahm das Leben zur Kenntnis, dachte darüber nach und schrieb seine Gedanken auf. UND sein Dienst fand auf dem Pferderücken statt. Das Lebenstempo von Wesley war das Tempo seines Pferdes. Während er über das Land ritt, beobachtete er das ganze Jahr hindurch die Bauern auf ihren Feldern. Er sah, wie die Felder gepflügt und die Saat ausgebracht wurde. Und dann? Er sah, wie die Pflanzen langsam wuchsen, bis zur Zeit der Ernte. Wesley erwartete nicht, dass die Arbeit der Bauern zu einer sofortigen Ernte führen würde. Er wusste, dass Zeit und Geduld erforderlich waren und dass die Bauern auf ausreichenden Regen und genügend Sonnenschein angewiesen waren. Diese beiden Elemente, die außerhalb des Einflusses des Bauern lagen, bedeuteten, dass die Bauern abhängig waren.

Aus diesen jährlichen Beobachtungen zog Wesley die Schlussfolgerung, dass auch eine geistliche Ernte die gleiche Geduld, Zeit und Abhängigkeit erfordert. Ich bin unter Bauern aufgewachsen und war mir immer bewusst, dass ihre Arbeit auf den Feldern mit ganzem Herzen getan wurde - mit Liebe, wenn Sie so wollen! Pastorale Arbeit kann nicht ohne Liebe getan werden. Aber wenn die Liebe die Motivation unserer pastoralen Arbeit ist, die Energie, die wir brauchen, um alle Samen des Evangeliums, die wir gesät haben, zu pflegen, dann bedeutet das nicht, dass es eine sofortige Ernte geben wird! Die Saat wächst, muss gepflegt werden und trägt Früchte, wenn sie bereit ist. Wir sind schließlich vom Herrn der Ernte abhängig.

Unser Tempo, unsere Schnelligkeit, unser digitales Geschick führt uns in die Versuchung zu denken, dass das, was wir "tun", ein Ergebnis "hervorbringen" muss, das wir jetzt "sehen" können. Wesley, der auf seinem Pferd reitet, könnte zu uns sagen: WHOA, mach langsam! - Diese Dinge brauchen Zeit! Die Energie, die wir durch Liebe investieren, ist nicht verloren, nur weil es Zeit braucht, um die Ergebnisse, die Früchte unserer Arbeit zu sehen. In der Tat gibt es keine Garantie, dass wir jemals etwas von der Ernte unserer Liebesmühe sehen werden. ABER es ist nicht verloren, so wie Samen, die Zeit brauchen, um zu keimen und sich durch den Boden zu schieben, nicht verloren sind, auch wenn ihr Wachstum Jahre dauern kann, bis eine Frucht erscheint und zum Verzehr bereit ist.

von Pastorin Mary Schaar

O let none think his labour of love is lost because the fruit does not immediately appear.

Writing a journal is a day by day sort of thing. John Wesley took note of life, reflected on it, and wrote his thoughts down. AND his ministry was done on horseback. The pace of life for Wesley was the pace of his horse. In riding across the countryside, he observed the farmers in their fields throughout the entire year. He saw the ploughing of the fields and the planting of the seeds. And then? He saw the plants grow slowly, until the time of the harvest. Wesley did not expect to see an instant harvest from the farmer's labour. He knew that time and patience was required and that farmers depended on adequate rain and enough sunshine. Both of these elements, outside the influence of the famer, meant that the farmers were dependent.

Out of these yearly observations, Wesley drew the conclusions that a spiritual harvest would also require the same patience, time and dependence. I grew up among farmers and have always been aware that their work in the fields was done wholeheartedly – with love if you will! Pastoral work cannot be done without love. But if love is the motive of our pastoral work, the energy needed to tend all of the seeds of the Gospel that we have planted, it does not mean that there will be an instant harvest! Seeds grow, need nurture and bear fruit when they are ready. We are finally dependent upon the Lord of the harvest.

Our pace, our speed, our digital savvy leads us into a temptation to think that what we "do" must "produce" a result that we can "see" now. Wesley, riding his horse, might say to us – WHOA, slow down! These things take time! The energy that we invest by loving is not lost just because it takes time to see the results, the fruits if you will, of our work. In fact, there is no guarantee that we will ever see any of the harvest from our labour of love. BUT it is not lost, just like seeds which take time to germinate and push their way up through the soil are not lost, even though their growth may take years until a piece of fruit appears and is ready for the eating.

by Rev. Mary Schaar

Die Gnade und Liebe Gottes, von der unser Heil kommt, ist in Allen frei und für Alle frei.

John Wesley spricht hier eine zeitliche Reihenfolge an: Am Anfang unseres Rettungsprozesses steht Gnade und Liebe. Und zwar Gnade und Liebe, die Gott uns zuerst entgegenbringt - obwohl wir oft wenig gnädig und wenig liebevoll mit uns selbst umgehen. Wo wir uns selbst verurteilen (und in einer Art erweitertem Ich auch unseren Nächsten ungnädig begegnen) stellt Gott sein Urteil dem unseren gegenüber: „Ich habe Dich je und je geliebt und aus lauter Güte zu mir gezogen!"
(Jeremia 31, 3)

Frei, also unverdient ist diese Liebe und Gnade Gottes. Das entspricht so gar nicht unserer menschlichen Erfahrung: Jede unserer menschlichen Lieben ist an Voraussetzungen gebunden. Stimmen diese Voraussetzungen nicht mehr, dann wird auch die Liebe weniger und das Gnädig-sein fällt immer schwerer.

Kein Wunder, dass wir hinter der Liebe Gottes auch Bedingungen vermuten: Wenn ich mich richtig, verhalte, ein guter Mensch bin, mich bekehre, …

Ein Wunder, dass hinter der Liebe Gottes und vor ihr und neben ihr immer nur noch mehr Liebe und Gnade zum Vorschein kommt. Vorausschenkende Gnade Gottes vor unserem Sein auf dieser Welt und nach unserem Sein, hineingeliebt in die Gegenwart Gottes – dieses Bild malt John Wesley hier.

Aber warum betont Wesley ausdrücklich, dass Gnade und Liebe Gottes in allen und für alle frei sind? Natürlich gibt es da noch einmal die Dimension der unverdienten, nicht gekauften Liebe. „Käufliche Liebe" ist ein Konstrukt, das schon zwischen Menschen nicht funktioniert – mit Gott funktioniert es ebenso wenig. „Ich habe doch …, nun musst Du auch…" – das ist das Todesurteil jeder

Beziehung.

Aber vielleicht ist da noch mehr: Liebe und Gnade stelle ich mir so gar nicht hart und eckig vor. Eher luftiger Geist als fester Körper. Was bedeutet, dass Gottes Liebe und Gnade in mir Ecken und Löcher ausfüllen kann. Sie macht mich nicht passend, sondern zuerst einmal passt sie sich meiner Persönlichkeit an und füllt mich aus. Sie bläst mich nicht auf, macht mich nicht passend – sondern, wie man in Bayern sagt „basst scho" – für mich. Und für meinen Nachbarn sieht sie wieder anders aus, nimmt andere Gestalt an – eben passend für ihn. Gnade, die nicht zerreißt, sondern heilt; Liebe, die mich ausfüllt, statt meine dunklen Seiten zu scheuen – wie heilsam und wunderbar ist dieser Gott.

von Pastor Wolfgang Schwarzfischer

The grace and love of God, whence cometh our salvation, is free in all, and free for all.

John Wesley addresses a chronological sequence here: At the beginning of our process of salvation are grace and love. And that is grace and love that God extends to us first - even though we often show little mercy and love towards ourselves. Where we condemn ourselves (and in a kind of extended self also treat our neighbours ungraciously) God opposes our judgement with his own: "I have loved you with an everlasting love. With unfailing love I have drawn you to myself!" (Jeremiah 31:3)

This love and grace of God is free, that is, undeserved. This does not correspond at all to our human experience: each of our human loves is tied to preconditions. If these preconditions are no longer fulfilled, then love also becomes less and being merciful becomes more and more difficult.

It is no wonder that we assume that there are conditions behind God's love: If I behave correctly, if I am a good person, if I convert, ...

It is a miracle, that behind God's love and in front of it and beside it, only more love and grace are revealed. God's pre-giving grace before our being in this world and after our being, loved into the presence of God - this is the picture John Wesley paints here.

But why does Wesley explicitly emphasise that God's grace and love are free in all and for all? Of course, there is again the dimension of undeserved, unbought love. "Purchased love" is a construct that already does not work between people - and it does not work with God either. "But I have ..., now you must also ..." - that is the death sentence in any relationship.

But maybe there is more: I don't imagine love and grace to be hard and edgy at all. More of an airy spirit than a solid body. Which means that God's love and grace can fill in corners and holes in me. It does not shape me to fit, but first of all it adapts to my personality and fills me. It does not inflate me, does not make me fit - but, as they say in Bavaria "basst scho" (works just fine) - for me. And for my neighbour it looks different again, takes on a different form - appropriate for him. Grace that does not tear apart but heals; love that fills me instead of shying away from my dark sides - how wholesome and wonderful is this God.

by Rev. Wolfgang Schwarzfischer

Demut und Geduld sind die besten Beweise eines Wachstums in Liebe.

„Die Liebe ist geduldig" (1.Korinther 13,4a), denn Geduld ist, wie Liebe, auf andere gerichtet. Ungeduld, andererseits, ist auf uns selbst gerichtet, ich-zentriert, ich-bezogen, egozentrisch, ja, lieblos. Wenn wir auf der Autobahn unterwegs sind und uns ärgern über ein anderes in unseren Augen zu langsam fahrendes Auto, dann denken wir meistens nicht: „Ich hoffe, mit dem Fahrer ist alles in Ordnung. Hoffentlich hat sein Auto keine Probleme." Nein, meistens denken wir: „Fahr doch mal ein bisschen schneller!" Aber was wir damit eigentlich sagen, ist: Ich möchte schneller mein Ziel erreichen. (Dabei bin ich vielleicht selbst zu spät von zuhause weggefahren, weil ich noch schnell eine E-Mail beantworten wollte, damit ich gut dastehe.)

Demut, dagegen, ist eben nicht auf uns selbst gerichtet. Aller Deutlichkeit halber: Demut heißt nicht, weniger von sich zu denken, sondern, weniger an sich zu denken. Demut ist also nicht mit einem negativen Selbstbild zu verwechseln. Stattdessen nimmt Demut mit offenen Augen sein Umfeld in sich auf und stellt fest: Die Welt dreht sich nicht nur um mich. Wir erkennen die Bereicherung, das Potenzial und den Wert von anderen. Ja, wir geben zu, dass wir die anderen brauchen. Demut befreit von zu hohen Erwartungen an uns selbst.

Demut und Geduld entsprechen unserer Erwählung: „Da Gott euch erwählt hat, zu seinen Heiligen und Geliebten zu gehören, seid voll Mitleid und Erbarmen, Freundlichkeit, Demut, Sanftheit und Geduld" (Kolosser 3,12). Außerdem entsprechen Liebe und Geduld Gottes Willen: „Bemühe dich um ein Leben, so wie Gott es will: geprägt von der Ehrfurcht vor Gott, von Glauben und Liebe, geführt mit Geduld und Sanftmut!" (1.Timotheus 6,11b).

Gott sei Dank lässt Er uns mit diesen Aufforderungen zur Geduld nicht allein, nach dem Motto: Und jetzt viel Erfolg damit. Nein, ganz im Gegenteil: „Wenn dagegen der Heilige Geist unser Leben beherrscht, wird er ganz andere Frucht in uns wachsen lassen: Liebe, Freude, Frieden, Geduld, Freundlichkeit, Güte, Treue, Sanftmut und Selbstbeherrschung" (Galater 5,22-23a).

Das Wirken des Heiligen Geistes in unserem Leben zählt zu einem der Mysterien des christlichen Glaubens. Manche lehnen sich ganz entspannt zurück und sagen zum Heiligen Geist: Mach Du es. Andere mühen sich ab und sagen zu Ihm: Ich mache es. In beiden Fällen wird das Wirken des Heiligen Geistes durch uns gebremst. Es braucht da eine gesunde Balance. Einerseits sollen wir uns öffnen und leiten lassen und andererseits sollen wir unserer eigenen Verantwortung und Berufung gerecht werden.

von Pastor Gideon de Jong

Humility and patience are the surest proofs of the increase of love.

"Love is patient" (1 Corinthians 13:4a), because patience, like love, is directed towards others. Impatience, on the other hand, is directed at ourselves, self-centred, self-focused, egocentric, indeed, loveless. When we are driving on the motorway and we are annoyed by another car that is seemingly driving too slowly, we usually don't think: "I hope everything is all right with the driver. Hopefully his car doesn't have any problems." No, most of the time we think, "Go a little bit faster!" But what we are actually saying is: I want to reach my destination faster. (And maybe I myself left home too late because I wanted to answer an e-mail quickly so that I would look good).

Humility, on the other hand, is not directed at ourselves. To be clear: humility does not mean thinking less of oneself, but thinking less about oneself. Humility is therefore not to be confused with a negative self-image. Instead, humility is taking in one's surroundings with open eyes and realising: the world does not revolve around me alone. We recognise the value, the potential and the worth of others. Yes, we admit that we need others. Humility frees us from too high expectations of ourselves.

Humility and patience are consistent with our election: "Since God chose you to be the holy people he loves, you must clothe yourselves with tender-hearted mercy, kindness, humility, gentleness, and patience." (Colossians 3:12). Furthermore, love and patience conform to God's will: "Pursue righteousness and a godly life, along with faith, love, perseverance, and gentleness." (1 Timothy 6:11b).

Thanks be to God, He does not leave us alone with these calls to patience, according to the motto: And now good luck with that. No, quite the opposite: " But the Holy Spirit produces this kind of fruit in our lives: love, joy, peace, patience, kindness, goodness, faithfulness, gentleness, and self-control."

(Galatians 5:22-23a).

The work of the Holy Spirit in our life is one of the mysteries of the Christian faith. Some people just lean back and say to the Holy Spirit: You do it. Others work hard and say to Him, I'll do it. In both cases, the work of the Holy Spirit is restrained by us. A healthy balance is needed. On the one hand, we should be open and be guided, and on the other hand, we should fulfil our own responsibility and calling.

by Rev. Gideon de Jong

Die Liebe ist nicht zufrieden damit, dass wir unserem Nächsten keinen Schaden zufügen. Sie stiftet uns dauernd an, bei jeder Gelegenheit Gutes zu tun, auf jede mögliche Art und Weise jedem Menschen Gutes zu tun.

John Wesley hat Gottes Auftrag ernst genommen und ist auf die Straßen gegangen. Er hat sich in den Dienst für die Menschen gestellt und Unglaubliches bewirkt. Seine Theologie mag nicht für jeden verständlich und für viele provokativ gewesen sein, aber er stellt heraus: "Wenn du die Liebe verlierst, verlierst du alles" , denn „Glaube ist Liebe" . Daran hat er seine Arbeit gemessen, jede Niederlage verdaut und niemals aufgegeben. Die Liebe war es, die ihn gedrängt hat, ihn angetrieben hat immer und immer weiter am Reich Gottes zu bauen. Wenn andere geschlafen haben, hat er studiert, seinen Glauben gestärkt. Er mahnt uns auch heute noch an, Vorbild zu sein und eine Lebensaufgabe darin zu sehen, anderen nicht einfach nur NICHT weh zu tun oder ihnen NICHT zu schaden, sondern stets darauf bedacht zu sein, Gutes zu tun.

In 1. Johannes 4,8 heißt es: "Wer nicht liebhat, der kennt Gott nicht, denn Gott ist Liebe." Also ist es Gott, sein Heiliger Geist, der in uns das Wollen und Vollbringen ermöglicht. Gott selbst lässt uns danach suchen, Gutes zu tun, wenn wir ihm nachfolgen. Wesley erkennt, dass die Gemeinschaft der wesentlichste Baustein für Christen ist, ein Haus auf dem Fundament des Glaubens, dessen Eckstein Christus selbst für uns geworden ist. Von Beginn an ist dieses Haus, dessen Steine wir Menschen sind, in der Liebe begründet. Jeder Einzelne wird nicht nur geliebt, sondern ist die Liebe selbst. Und wenn wir die Liebe auch oft vermissen, so ist sie doch da. Sie schlummert, sie wacht, sie möchte frei sein und sich entfalten, sie brodelt in uns und wartet auf den einen Moment. Wer neu zum Glauben kommt, der spürt diese wahnsinnige Kraft der Liebe, die von Gott ausgeht und unser Herz überlaufen lässt, der fühlt wie sich die Liebe ausbreitet und wie sie uns anstiftet auf andere zuzugehen.

Liebe ist der Schlüssel zu den Herzen der Menschen, und genau diese Liebe ist es auch, die den Weg zum Vater ebnet, denn Christus ist die Liebe und „Wer in der Liebe bleibt, der bleibt in Gott und Gott in ihm." Liebe gibt sich nicht zufrieden, Liebe ist Frieden! „[Euren] Frieden lass ich euch, meinen Frieden gebe ich euch" , sagt Jesus und bindet uns alle wie wir sind, gläubig oder nicht, in die Liebe Gottes ein, die nicht nur ein Band, eine Halteleine oder ein Wegweiser ist, sondern ebenso auch Rettungsanker und sicherer Hafen.

von Pastor Andreas Hesse

Neither is love content with barely working no evil to our neighbour. It continually incites us to do good, as we have time and opportunity, to do good, in every possible kind, and in every possible degree, to all men.

John Wesley took God's mission seriously and went out into the streets. He placed himself at the service of the people and achieved incredible things. His theology may not have been understandable for everyone and provocative for many, but he emphasised: "If you lose love, you lose everything", because "faith is love". This is how he measured his work, endured every defeat and never gave up. It was love that compelled him, that spurred him on and on to build the kingdom of God. When others were sleeping, he studied and strengthened his faith. He still challenges us today to be an example and to see a lifetime's task in not simply NOT hurting others or NOT harming them, but to be ever mindful of doing good.

In 1 John 4:8 it says, "Whoever does not love does not know God, for God is love." It is God, His Holy Spirit, who enables us to desire and to fulfil. God himself causes us to seek to do good when we follow him. Wesley recognises that community is the most vital building block for Christians, a house built on the foundation of faith, of which Christ himself became the cornerstone. From the very beginning, this house, of which we human beings are the building blocks, is grounded in love. Each individual is not only loved, but is love itself. And even though we often miss love, it is there. It slumbers, it awakens, it wants to be free and flourish, it seethes within us and waits for the one moment. Whoever comes to faith feels this incredible power of love that comes from God and makes our hearts overflow, feels how love spreads and how it inspires us to turn to others.

Love is the key to people's hearts, and it is precisely this love that paves the way to the Father, for Christ is love and "He who abides in love abides in God and God in him." Love is not content, love is peace! "[Your] peace I leave with you, my peace I give to you" says Jesus, embracing us all as we are, believer or not, in the love of God, which is not only a cord, a rope or a signpost, but also a lifeline and a safe haven.

by Pastor Andreas Hesse

Quellenangaben
List of sources

Liebe sitzt auf dem Thron, der das Innerste der Seele eines Gläubigen erfüllt; nämlich Liebe zu Gott und Menschen, die das ganze Herz erfüllt und alleine regiert.

In a Christian believer love sits upon the throne which is erected in the inmost soul; namely, love of God and man, which fills the whole heart, and reigns without a rival.

The works of the Rev. John Wesley – Volume VII.
Sermon XCII. II. 5.
London: Methodist Publishing House
Seite / page 60

Liebe, Lobpreis und Gebet sind der Atem jeder Seele, die wirklich aus Gott geboren ist.

Love, praise, and prayer are the breath of every soul who is truly born of God.

Wesley's Standard Sermons. Volume I - Sermon XV 8.
Edward H. Sugden (Ed.)
Lamar & Barton Publishing House M.E. Church, South Nashville, Dallas, Richmond, San Francisco
Seite / page 303

Liebe ist das Ziel aller Gebote Gottes. Liebe ist das Ziel, das einzige Ziel, von allem was Gott geschaffen hat, vom Anbeginn der Welt bis hin zur Vollendung aller Dinge.

Love is the end of all the commandments of God. Love is the end, the sole end, of every dispensation of God, from the beginning of the world to the consummation of all things.

Wesley's Standard Sermons. Volume II - Sermon XXXI . II.1
Edward H. Sugden (Ed.)
Lamar & Barton Publishing House M.E. Church, South Nashville, Dallas, Richmond, San Francisco
Seite / page 77

Die Liebe zu Gott und Menschen, die aus einem ungeheuchelten Glauben entsteht, ist Alles in Allem, die Erfüllung des Gesetzes, das Ende jedes der Gebote Gottes.

The love of God and man, arising from faith unfeigned, is all in all, the fulfilling of the law, the end of every commandment of God.

Wesley's Standard Sermons. Volume I - Sermon XIX III. 2.
Edward H. Sugden (Ed.)
Lamar & Barton Publishing House M.E. Church, South Nashville, Dallas, Richmond, San Francisco
Seite / page 391

O dass doch keiner denken möge, dass ein Liebesdienst umsonst gewesen sei, weil die Frucht nicht sofort aufging!

O let none think his labour of love is lost because the fruit does not immediately appear.

The works of the Rev. John Wesley – An Extract of the Rev. Mr. John Wesley's Journal - Journal 13 June 1742
London: Methodist Publishing House
Seite / page 379

Die Gnade und Liebe Gottes, von der unser Heil kommt, ist in Allen frei und für Alle frei.

The grace and love of God, whence cometh our salvation, is free in all, and free for all.

The works of the Rev. John Wesley – Volume VII.
Sermon CXXVIII 2.
London: Methodist Publishing House
Seite / page 373

Demut und Geduld sind die besten Beweise eines Wachstums in Liebe.

Humility and patience are the surest proofs of the increase of love.

A Plain Account of Christian Perfection
Further Thoughts on Christian Perfection 38. (3)
John Wesley
Kansas City: Beacon Hill Press
Seite / page 108

Die Liebe ist nicht zufrieden damit, dass wir unserem Nächsten keinen Schaden zufügen. Sie stiftet uns dauernd an, bei jeder Gelegenheit Gutes zu tun, auf jede mögliche Art und Weise jedem Menschen Gutes zu tun.

Neither is love content with barely working no evil to our neighbor. It continually incites us to do good, as we have time and opportunity, to do good, in every possible kind, and in every possible degree, to all men.

Wesley's Standard Sermons. Volume II - Sermon XXXI . III.3
Edward H. Sugden (Ed.)
Lamar & Barton Publishing House M.E. Church, South Nashville, Dallas, Richmond, San Francisco
Seite / page 81

Der Orden der Freunde des Nazareners zu Hamburg ist eine eigenständige Gemeinde-Untergliederung der Kirche des Nazareners & Ordensgemeinschaft, welche im Jahr 2017 gegründet wurde. Ihr Auftrag besteht in der Verbreitung der guten Nachricht Jesu allen Menschen. Ein Schwerpunkt der Arbeit der Ordensgeschwister ist eine vielschichtige missionarische Arbeit in Hamburg und darüber hinaus. Unsere Brüder und Schwestern treffen sich regelmäßig zum gemeinsamen Gebet, widmen sich dem Bibelstudium und dem intensiven Austausch. Gemeinsam bereiten sie Seminare und Exerzitien vor und arbeiten an verschiedenen Missionsprojekten u.a. dem Lebensretter-Ausweis - ein Notausweis für kranke und behinderte Menschen, welchen erst hamburgweit (in Apotheken und Arztpraxen) inzwischen bundesweit verteilt wird.

Gerne informieren wir Sie zu den Möglichkeiten Teil dieser ökumenischen Gemeinschaft zu werden bzw. wie Sie unsere Arbeit und Mission unterstützen können.

The Order of Friends of the Nazarene of Hamburg is an independent congregational subdivision of the Church of the Nazarene & Religious Community, which was founded in 2017. Its mission is to spread the good news of Jesus to all people. One focus of the work of the brothers and sisters of the order is a multi-faceted missionary work in Hamburg and beyond. Our brothers and sisters meet regularly to pray together, devote themselves to Bible study and intensive exchange. Together, they prepare seminars and retreats and work on various mission projects, including the Life Saver Card - an emergency card for sick and disabled people, which was first distributed throughout Hamburg (in pharmacies and doctors' offices) and is now distributed nationwide.

We would be happy to inform you about the possibilities to become part of this ecumenical community or how you can support our work and mission.